RACIAL JUSTICE IN AMERICA
LATINX AM[ERICAN]

HISPANIC HERITAGE

HERENCIA HISPANA

BRENDA PEREZ MENDOZA

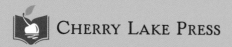

CHERRY LAKE PRESS

Published in the United States of America by Cherry Lake Publishing Group
Ann Arbor, Michigan
www.cherrylakepublishing.com

Reading Adviser: Beth Walker Gambro, MS, Ed., Reading Consultant, Yorkville, IL
Content Adviser: Carlos Hernández, PhD, Assistant Professor, Center for Latino/a and Latin American Studies,
   Wayne State University
Copyeditor: Lorena Villa Parkman
Book Design and Cover Art: Felicia Macheske

Photo Credits: page 7: © Igor Podgorny/Shutterstock; page 8: © Ron Adar/SOPA Images/Alamy; page 11: © Alexander
Oganezov/Shutterstock; page 16: © SCStock/Shutterstock; page 21: © robert gibson z/Shutterstock; page 24: © jejim/
Shutterstock; pages 26–27: (top) © Belikova Oksana/Shutterstock; page 26: (bottom) © Sedgraphic/Shutterstock; page 27:
(bottom) © Jesus Cervantes/Shutterstock; page 28: © Bill Chizek/Shutterstock; page 34: © Wirestock Creators/Shutterstock;
page 38: Library of Congress; page 40: © Coconutdreams/Dreamstime.com; page 42: © Everett Collection/Shutterstock;
page 43: © Everett Collection/Shutterstock; page 44: (top) © IanDagnall Computing/Alamy, (middle) © The New York Public
Library Digital Collections, (bottom) Courtesy of NASA, via Wikimedia; page 45: (top) from the Collection of the Supreme
Court of the United States, Steve Petteway, (middle) from the Collection of the U.S. House of Representatives, Franmarie
Metzler; U.S. House Office of Photography, (bottom) from the United States Department of Education

Library of Congress Cataloging-in-Publication Data has been filed and is available at catalog.loc.gov.

Cherry Lake Publishing Group would like to acknowledge the work of the Partnership for 21st Century Learning, a Network of
Battelle for Kids. Please visit *http://www.battelleforkids.org/networks/p21* for more information.

Printed in the United States of America

Note from publisher: Websites change regularly, and their future contents are outside of our control. Supervise children when
conducting any recommended online searches for extended learning opportunities.

Brenda Perez Mendoza, M.A. is an award-winning K-12 ELL specialist. She grew up a Spanish-speaker first. When she went
to school, there wasn't enough support students learning the English language. That is what drove her to become an EL
teacher and work with bilingual students. She works to help all students, Latinx especially, embrace their culture and
celebrate who they are. Today, she lives in Chicago, Illinois, and is the mother of five beautiful and vibrant children.

Brenda Pérez Mendoza es una educadora y defensora de derechos galardonada. Creció en Cicero con el español como
lengua materna. Cuando iba a la escuela, no había suficiente apoyo para los estudiantes que aprendían inglés. Eso la llevó
a convertirse en una especialista en estudiantes de inglés (English Language Learners o ELL) de primaria y secundaria
(K-12) y a trabajar con estudiantes bilingües. Trabaja defendiendo los derechos de todos los estudiantes, especialmente
latinxs, integrando su cultura y celebrando quiénes son. Actualmente, vive en Chicago, Illinois; está comprometida con
ofrecer a los estudiantes prácticas sensibles a la cultura de cada uno y a defender los derechos integrales del niño.

CHAPTER 1

What Is Hispanic Heritage?

What is Hispanic Heritage? The word Hispanic describes a person that has ancestors from Spanish-speaking countries. An ancestor is a family member from long ago. For example, the great-grandparents of your parent and their parents, and so on. The word Hispanic comes from the Latin word for "Spanish." Ancient Romans used Hispanicus to describe people from Spain. It was first used officially in the U.S. in the 1970 census. In the United States, it is used to identify people who share cultural **characteristics**. They may speak Spanish or come from Spanish-speaking families. They may be of Latin American descent.

CAPÍTULO 1

Que es Herencia Hispana?

¿Qué es la Herencia Hispana? La palabra "hispano" o "hispana" describe a una persona que tiene ancestros de países que hablan español. Un ancestro es un miembro de tu familia de hace mucho tiempo atrás. Por ejemplo, los bisabuelos de tus padres y de sus padres. La palabra "hispano" proviene del latin. Los antiguos romanos usaron "hispanicus" para describir a las personas provenientes de España. Se usó por primera vez en el censo de Estados Unidos de 1970. En Estados Unidos se usa para identificar a las personas que comparten ciertas **características** culturales. Puede ser que hablen español o que provengan de una familia que habla español. Puede ser que sean de ascendecia de algún país de América Latina.

Hispanic Heritage is a celebration of all things Latin American in the United States. It celebrates Latinx artists, musicians, and history makers. They all contribute to the United States. Hispanic Heritage means so much to people of Latin American descent. It is our culture that is admired and celebrated. It celebrates our music, our art, and our achievements. It celebrates people that look and talk like us. It lets us celebrate who we are.

Papel picado is a traditional Mexican folk art that is still popular today. Beautiful paper cuttings like these began with the Aztec tradition of cutting *amatl*, a kind of paper made from fig and mulberry trees. ▶

El papel picado es un arte popular tradicional mexicano que sigue siendo popular en la actualidad. Hermosos recortes de papel como estos comenzaron con la tradición azteca de cortar *amatl*, una especie de papel hecho de higueras y moreras. ▶

La Herencia Hispana engloba una celebración en Estados Unidos de todo lo que tenga que ver con América Latina. Celebra a los artistas y músicos latinx y quienes han hecho historia. Todos han contribuido a la conformación de Estados Unidos. La herencia hispana significa mucho para las personas de ascendencia latinx porque es nuestra cultura la que se admira y se celebra. Durante esta conmemoración se celebran nuestra música, arte y logros. Se celebra que las personas luzcan y hablen como nosotros. Nos permite celebrar quiénes somos.

Latinx people have given a lot to the United States. We have played an important part in its growth and culture. We have changed the course of popular music, art, cooking, writing, and even politics. Our influences have shaped American music and American art for decades. For example, people like Celia Cruz, the "Queen of Salsa," brought the sounds of Cuba to the **mainstream**. Civil rights activists like Dolores Huerta and Cesar Chavez helped all American farm workers organize for better working conditions. Lin-Manuel Miranda rewrote the rules on how to teach history through singing and rap. There is also Sonia Sotomayor, the first Latinx Supreme Court Justice, and Rita Moreno, the first Latinx woman to win an Oscar!

Las personas latinx han contribuido significativamente a los Estados Unidos. Hemos impactado el crecimiento de la población estadounidense y su cultura. Hemos cambiado el curso de la música popular, el arte, la cocina, la literatura e incluso la política. Nuestras influencias han dado forma a la música y el arte estadounidense por décadas. Por ejemplo, personas como Celia Cruz, la "Reina de la salsa", trajo los sonidos de Cuba a la **música popular**. Los activistas Dolores Huerta y César Chávez, ayudaron a los trabajadores del campo en Estados Unidos a organizarse para obtener mejores condiciones laborales. Lin-Manuel Miranda cambió las reglas sobre cómo enseñar historia al hacerlo a través del canto y el rap. No podemos olvidarnos de Sonia Sotomayor, la primera jueza latinx de la Suprema Corte y Rita Moreno, la primera mujer latinx en ganar un Oscar.

◀ Lin-Manuel Miranda is a Puerto Rican singer/songwriter. He has created and starred in smash Broadway hits and written soundtracks for Disney blockbusters.

◀ Lin-Manuel Miranda es un cantante y compositor puertorriqueño. Ha compuesto y estelarizado éxitos de Broadway y ha escrito bandas sonoras para películas de Disney.

Even our celebrations and holidays have been adopted in some parts of the United States. "Cinco de Mayo" is popular in the U.S., but this is only a holiday that honors one important battle that Mexico won against France. Disney and Pixar helped make El Día de Muertos a national trend with the movie *Coco*. The Disney movie *Encanto* also starred Latinx voice actresses and actors, and featured Latin American music and musicians. Children across the country dressed up in the bright and vibrant colors of the main character, Mirabel, while families danced to the music. The importance of family and community is at the heart of Hispanic Heritage.

Cinco de Mayo presentations like this one in Portland, Oregon, celebrate Mexican heritage. ▶

Las presentaciones del Cinco de Mayo celebran la herencia mexicana. En la foto se muestra una presentación en Portland, Oregon de un baile regional mexicano. ▶

Incluso nuestras celebraciones y días festivos se han adoptado en algunas partes de Estados Unidos. "Cinco de Mayo" es una celebración bastante popular en Estados Unidos, pero en realidad en este día solo se conmemora una batalla que México ganó contra Francia. Disney y Pixar hicieron del Día de Muertos un fenómeno nacional con la película *Coco*. La película *Encanto* fue protagonizada por actrices y actores de voz latinx e incluyó música de América Latina. Los niños en todo el país adoptaron ropa colorida como la que usa la protagonista Mirabel, y familias enteras bailaron al son de la música de la película. La importancia de la familia y la comunidad es el pilar de la Herencia Hispana.

CHAPTER 2

Hispanic Heritage Month

Hispanic Heritage Month is a nationally dedicated month. It is set aside to focus on the contributions of Latinx peoples in the United States. The Library of Congress says that it is for "**paying tribute** to the generations of Hispanic Americans who have positively influenced and enriched our nation and society."

Hispanic Heritage Month is celebrated from September 15th through October 15th. Why does Hispanic Heritage Month start in the middle of the month? To understand that question we must take a step back into history.

CAPÍTULO 2

Mes de la Herencia Hispana

El Mes de la herencia hispana es una conmemoración nacional que dura un mes entero. Se centra en celebrar las contribuciones de las personas latinx en Estados Unidos. La Biblioteca del Congreso especifica que este mes "**rinde tributo** a las generaciones de Americanos de ascendencia hispana que han influido y enriquecido nuestra nacion y sociedad."

El Mes de la herencia hispana se celebra del 15 de septiembre al 15 de octubre. ¿Por qué el Mes de la herencia hispana comienza a la mitad de un mes? Para entender esta pregunta debemos dar un paso atrás y revisar algunos hechos históricos.

Six hundred years ago, North, South, and Central America were very different places. Millions of Indigenous people lived throughout these continents and the islands that surround them, including in the Caribbean. They had their own languages, music, art, and political systems. There were large and small nations. They had their own names for the land where they lived. *Borikén*, for example, is the Taíno name for Puerto Rico. Many Indigenous cultures and peoples are still alive and well in these places. Their lives and cultures have changed in many ways. Europeans forced some of those changes.

In the 1400s, countries from Europe, like Spain, invaded land throughout the Americas. These countries **colonized** North, South, and Central America and the islands of the Caribbean.

Within the United States' Indigenous communities and in different cities and states, people have begun celebrating Indigenous Peoples Day. In 2022, President Biden officially declared October 10th as Indigenous Peoples Day. This day, like El Día de la Raza, serves as a reminder that Indigenous people have contributed greatly to our nation. Despite this, they still face injustices today.

Hace 600 años, Norte, Sur y Centro América eran lugares muy diferentes a como son hoy en día. Millones de personas indígenas vivían en estos continentes y en las islas que los rodean, incluso en el Caribe. Tenían sus propios lenguajes, música, arte y sistemas políticos. Había naciones grandes y pequeñas. Tenían sus propios nombres y tierras en donde vivían. *Borikén*, por ejemplo, era el nombre taíno de Puerto Rico. Muchas culturas y personas indígenas aún viven en estos lugares. Sus vidas y culturas han cambiado de muchas maneras. Los europeos forzaron muchos de estos cambios.

En los años de 1400, varios países de Europa, como España, invadieron las tierras del continente Americano. Estos países **colonizaron** Norte, Sur y Centro América así como las islas del Caribe.

Entre las comunidades indígenas de Estados Unidos, se ha comenzado a celebrar el Día de los pueblos indígenas. En 2022, el Presidente Biden declaró oficialmente el 10 de octubre como Día de los pueblos indígenas. Esta fecha, al igual que El Día de la Raza, sirve como recordatorio de que las personas indígenas han contribuido mucho a esta nación. A pesar de esto, aún sufren muchas injusticias.

European powers did not respect Indigenous cultures, peoples, or political systems. They enslaved many people. They forced them to work. They put rules and laws in place to control them. They made them speak European languages. They converted them to Christianity. Spain, in particular, spread Catholicism through **missionaries**. Most tried to wipe out Indigenous cultures.

They did not succeed. Indigenous people fought and organized uprisings. They found ways to resist the injustices they were experiencing. Throughout this time, they lived alongside Europeans like Spanish people. The cultures of both peoples changed. Indigenous traditions became part of everyday life. They became part of religious practice.

Los poderes europeos no respetaron las culturas, personas y sistemas políticos indígenas. Esclavizaron a muchas personas. Las forzaron a trabajar. Establecieron reglas y leyes para controlarlas. Las hicieron hablar idiomas europeos. Las convirtieron al cristianismo. España en particular diseminó el catolicismo a través de los **misionarios**. La mayoría trataron de erradicar las culturas indígenas.

Sin embargo no lo lograron por completo. Las personas indígenas lucharon y organizaron revueltas. Encontraron maneras de resistirse a las injusticias que experimentaban. A lo largo de este tiempo, vivieron junto a culturas europeas, como la española. Las culturas de ambos grupos de personas cambiaron. Las tradiciones indígenas se integraron a la vida diaria. También se volvieron parte de las prácticas religiosas.

◀ The Convent of Saint Anthony of Padua is in Izamal, Mexico. The Spanish destroyed a Mayan temple and built over it.

◀ En la foto se aprecia el Convento de San Antonio de Padua, en Izamal, México. Los españoles lo construyeron sobre un templo maya.

Large parts of North, South, and Central America were controlled by Spain. While Spain fought wars in Europe, the people in their colonies seized their chance for independence. It started in Mexico. On September 16, 1810, the Mexican War of Independence began. It lasted for over 11 years. On September 15, 1821, Costa Rica, El Salvador, Guatemala, Honduras, and Nicaragua all gained their independence. Twelve days later, Mexico gained its independence on September 27, 1821. Other Spanish American countries gained their independence around this same time.

The importance of September remains to this day. In 1968, former U.S. president Lyndon B. Johnson declared the week of September 15th Hispanic Heritage Week. Twenty years later, in 1988, former president Ronald Reagan declared September 15th through October 15th Hispanic Heritage Month.

Grandes partes de Norte, Sur y Centro América fueron controladas por España. Mientras que España peleaba guerras en Europa, las personas en sus colonias usaron esta oportunidad para independizarse. El 16 de septiembre de 1810, comenzó la guerra de independencia en México. Duró más de 11 años. El 15 de septiembre de 1821, Costa Rica, El Salvador, Guatemala, Honduras y Nicaragua obtuvieron su independencia. Doce días más tarde, México obtuvo su independencia el 27 de septiembre de 1821. Otros países controlados por España lucharon por su independencia casi al mismo tiempo.

La importancia del mes de septiembre permanece hasta hoy en día. En 1968, el ex presidente Lyndon B. Johnson declaró el 15 de septiembre la Semana de la herencia hispana. Veinte años después, en 1988, el ex presidente Ronald Reagan declaró el periodo del 15 de septiembre al 15 de octubre como el Mes de la herencia hispana.

Within these 30 days of Hispanic Heritage Month is October 12th, Día de la Raza. On this day, many Latin American countries celebrate the inclusion, respect, and honor of the peoples and cultures colonized by Spain. October 12th is Christopher Columbus Day in other countries. It is observed in the United States every year on the second Monday in October, no matter the date. Día de la Raza is a celebration of resistance to his **legacy**.

Indigenous Quechua women of South America took colonial dress and hats and made them their own. ▶

Las mujeres quechua de Sudamérica adoptaron vestidos y sombreros coloniales y los hicieron suyos, al incorporar elementos de su vestimenta tradicional. ▶

Dentro del rango de estos 30 días se encuentra el 12 de octubre, o Día de la Raza. Durante el Día de la Raza muchos países en América Latina celebran la inclusión, el respeto y el honor de los pueblos indígenas. Ese día se celebra también el Día de Cristóbal Colón en otros países. En Estados Unidos, Columbus Day se celebra cada año el segundo lunes de octubre. El Día de la Raza es una celebración de la resistencia al **legado** de Colón.

CHAPTER 3

A Blended Culture

There are many other Hispanic holidays throughout the year. Many of these holidays are connected to Roman Catholicism. Nearly 40% of the world's Catholics live in Latin America. Research identifies 40% of all Catholics in the United States as Hispanic. Spanish colonizers introduced Catholicism to the Americas. Many Indigenous practices and beliefs blended with Catholicism to create unique cultural traditions.

Today, one of the most popular festivities is El Día del Muertos. El Día de Muertos celebration started thousands of years ago in Mexico. It started with the Indigenous peoples of Mexico and Central America before Spanish colonization.

CAPÍTULO 3

Una cultura de mezclas

Hay muchas otras festividades que los hispanos celebran durante todo el año. Muchas de éstas están conectadas al catolicismo romano. Casi 40% de los católicos del mundo viven en América Latina. Algunos estudios identifican que el 40% de los católicos en los Estados Unidos son hispanos Los colonizadores españoles introdujeron el catolicismo en las Américas. Muchas prácticas indígenas se mezclaron con las católicas para crear tradiciones culturales únicas.

Actualmente, una de las festividades más populares es el Día de Muertos. La celebración del Día de Muertos comenzó hace miles de años en México con grupos indígenas de México y Centroamérica antes de la colonización.

Aztec, Olmec, and Maya peoples, among others, viewed the world as an ongoing cycle. Circles were very important symbols in Mesoamerican civilizations. The Aztec calendar had a circle with 365 days. Within those days there were smaller circles with the days of the week and spiritual holidays. Aztecs believed that when most people died, they went to *Mictlán*, the land of the dead.

Los aztecas, olmecas y mayas veían al mundo como un ciclo continuo. Los círculos eran símbolos muy importantes en las civilizaciones mesoamericanas. Incluso el calendario azteca tenía 365 días y dentro de eso había círculos más pequeños con los días de la semana y las fiestas espirituales. Los aztecas creían que cundo la mayoría de las personas morían, iban al Mictlán, la tierra de los muertos. Incluso el calendario azteca estaba conformado de un círculo con 365 días. Dentro de esos días había círculos más pequeños con los días de la semana y las fiestas espírituales. Los Aztecas creían que cuando la mayoría de las personas morían, iban al *Mictlán*, o tierra de los muertos.

◀ This Aztec Sun Calendar is in the National Museum of Anthropology in Mexico City.

◀ El calendario solar azteca se encuentra en el Museo Nacional de Antropología en la Ciudad de México.

Souls who went to the land of the dead were able to travel back to the land of the living. They could spend time with living family members and eat food that they were offered. People started to provide food and gifts. These offerings were meant to help their ancestors on their journey to *Mictlán*. The offerings also helped when they came back to the world of the living.

Calacas or skulls are also a very important symbol of El Día de Muertos. The artist José Guadalupe Posada created a political cartoon of a skeletal women dressed in fancy clothes as a joke about European society. This drawing was meant to be a practical joke but became one of the most important figures of modern Día de Muertos. This drawing became known as La Catrina and is now one of the most recognizable icons of the holiday.

Las almas que estaban en la tierra de los muertos podían regresar a la tierra de los vivos. Podían convivir con sus familiares y comer lo que les dejaban en los altares en su honor. Los pueblos indígenas de Mesoamérica comenzaron a ofrendar alimentos y regalos para ayudar a sus ancestros en su viaje al Mictlán. Estas ofrendas también les ayudaban cuando volvían al mundo de los vivos.

Las calaveras y la calacas también son un símbolo muy importante del Día de Muertos. El artista José Guadalupe Posada creó una caricatura política de una mujer esquelética vestida con ropa elegante como una sátira de la sociedad europea. Este dibujo solo pretendía ser una broma, pero se convirtió en una de las figuras más importantes del Día de Muertos moderno. A este dibujo se le conoce como La Catrina y es uno de los íconos más representativos del Día de Muertos.

Though it originated in Mexico, today, El Día de Muertos is celebrated in many places. The celebration starts at the end of October and ends on November 2, which is All Saints Day in the Catholic religion. El Día de Muertos was predominantly a Mexican holiday that welcomed the souls of loved ones back into the land of the living. The tradition spread and is now celebrated in many places. Starting on October 31st, people start decorating ofrendas or offerings, filling them with their ancestor's favorite foods and drinks. The ofrendas are decorated with candles and marigolds, also called cempasuchil. On November 2nd, the dead can visit their loved ones for 24 hours.

En el presente, el Día de Muertos se celebra en toda América Latina y en Estados Unidos. La celebración comienza a finales de octubre y culmina el 2 de noviembre, que es el Día de todos los santos en la religión católica. Es una fiesta predominantemente Mexicana que da la bienvenida a las almas de los seres queridos a la tierra de los vivos. A partir del 31 de octubre se empiezan a decorar las ofrendas, llenándolas de la comida y bebidas favoritas de los difuntos. Las ofrendas se decoran con velas y flores de cempasúchil. El 2 de noviembre, los muertos pueden visitar a sus seres queridos durante 24 horas.

◀ People dress up and paint their faces at El Día de Muertos parades and festivals like this one in El Paso, Texas.

◀ La gente se pone trajes tradicionales y se pinta la cara en festivales de Día de Muertos como el de la foto, celebrado en El Paso, Texas.

CHAPTER 4

Holidays and Celebrations

El Día de Muertos is a very important celebration for Latin Americans, but there are so many more holidays to highlight. El Día del Niño is a day that celebrates children. In Latin American schools, they host large carnivals and festivals to celebrate their students. In 1997, Pat Mora, the author of *A Birthday Basket for Tía*, began to advocate to make El Día del Niño a national holiday in the United States. Mora wanted to celebrate literacy and childhood throughout the country. The U.S. congress named April 30th El Día del Niño.

Cinco de Mayo is sometimes confused with Mexican Independence Day (September 16th). It is really a holiday that honors one important battle that Mexico won against France. Cinco de Mayo is celebrated throughout the United States by non-Latinx people. It can be a day filled with stereotypes by people unfamiliar with Latin American cultures.

CAPÍTULO 4

Días festivos y celebraciones

El Día de Muertos es una celebración muy importante para los latinoamericanos pero hay muchas más. El Día del Niño es un día que celebra a los niños. En las escuelas latinoamericanas organizan grandes carnavales y festivales para celebrar a sus alumnos. En 1997, Pat Mora, autora de *A Basket for Tía*, comenzó a abogar para hacer de El Día del Niño una fiesta nacional en los Estados Unidos. Mora quería celebrar la lectura y la niñez en todo el país. El Congreso de Estados Unidos nombró el 30 de abril El Día del Niño.

El Cinco de Mayo a veces se confunde con el Día de la Independencia de México (16 de septiembre). En realidad solo un día festivo que honra una batalla importante que México ganó contra Francia. El Cinco de Mayo se celebra en Estados Unidos principalmente por personas que no son latinx. Puede estar saturado de estereotipos creados por personas que no conocen las culturas de América Latina.

Another holiday is celebrated on January 6th. It is Día de Reyes, or Three Kings Day. On the night of January 5th, children leave their shoes under the Christmas tree to receive gifts. In the morning of the 6th, they find all sorts of treats and toys in their shoes.

Las Posadas is a tradition that starts on December 16th and ends on Christmas eve. In this festivity, some families dress up in traditional clothes and pretend to be Mary and Joseph, two biblical figures. Some families sing songs like "El Burrito Sabanero" ("My Little Donkey of the Savannah") and travel in procession throughout the neighborhood. Some families travel throughout the night seeking shelter like Mary and Joseph did in the Christian bible. They continue asking for shelter until they reach the last home, where they have a large party to celebrate the birth of Jesus.

Otra festividad que se celebra el 6 de enero es Los Reyes Magos o Día de Reyes. En la noche del 5 de enero, los niños dejan sus zapatos debajo del árbol de Navidad para recibir regalos. Por la mañana, los niños encuentran todo tipo de golosinas y juguetes en sus zapatos.

Las Posadas es una tradición que comienza el 16 de diciembre y finaliza el 24 de diciembre. En esta festividad algunas familias se visten con ropas tradicionales y pretender se María y José, dos figuras bíblicas. Algunas familias cantan canciones como "El Burrito Sabanero" y viajan en procesión por todo el vecindario. Algunas familias viajan durante toda la noche buscando refugio como lo hicieron María y José en la Biblia cristiana. Continúan pidiendo albergue hasta llegar a la última casa, en donde hacen una gran fiesta para celebrar el nacimiento de Jesús.

◀ Cascarones are empty egg shells filled with confetti. They are traditionally broken over heads during Easter, Lent, and other celebrations.

◀ Durante la pascua y la vigilia, se usa rellenar cascarones de huevos con confeti y aplastarlos en la cabeza de otras personas.

The annual National Puerto Rican Day Parade is a crowd-pleasing event that takes place in New York City. This large parade is held on the second Sunday in June to celebrate Puerto Rican culture and heritage.

El Desfile del Día Nacional Puertorriqueño anual es un evento agradable para la multitud que se lleva a cabo en la ciudad de Nueva York. Este gran desfile se lleva a cabo el segundo domingo de junio para celebrar la cultura y el patrimonio puertorriqueño.

◀ Large crowds gather for the annual Puerto Rican Day Parade in New York City.

◀ Durante el desfile del Día de Puerto Rico, se reúnen muchas personas en la Ciudad de Nueva York.

CHAPTER 5

Popular Culture

From hit music to award-winning movies to political figures and movements, Latin Americans have an enormous influence. In the United States, Hispanic heritage continues to shape the culture and move the country forward.

Latin American music includes a unique variety of rhythms and sounds. It is known for its **percussion** instruments. Songs are sung primarily in Spanish. It grew from Spanish, Indigenous, and African music to become what it is today. Indigenous and Spanish musical traditions combined to create a new and vibrant fusion. Africans who had been enslaved and forcibly moved to Spanish colonies contributed to this fusion.

Cultura popular

Desde música popular a películas ganadoras de premios, hasta figuras y movimientos políticos, los latinoamericanos han tenido una enorme influencia. En Estados Unidos, la Herencia Hispana continua formand y moviendo al país hacia adelante.

La música de América Latina incluye gran variedad de ritmos y sonidos. Se le conoce por sus instrumentos de **percusión**. Las canciones son interpretadas principalmente en español. Proviene de música española, indígena y africana. Las tradiciones musicales españolas e indígenas se combinaron y crear una nueva y vibrane fusión musical. Los africanos quienes habian sido esclavizados y forzamente llevados a las colonias españolass, también contribuyeron.

Latin American music comes in many forms and styles. Tango, cumbia, bachata, merengue, salsa, and mariachi are just some examples. Later, Latin pop, reggaeton, and Tejano music grew out of these.

La música de América Latina tiene muchas formas y estilos. Tango, cumbia, bachata, merengue, salsa y mariachi son tan solo algunos ejemplos. El latin pop, reguetón y tejano tienen sus orígenes en esta música.

◀ Celia Cruz was a Cuban-American singer. She was named the "Queen of Salsa."

◀ Celia Cruz fue una cantante cubano americana. Se le conoce como "La reina de la salsa".

Latin American visual art has also been very **influential**. Colonization created a blend of Indigenous and European art styles. Mesoamerican Indigenous art had geometric shapes. European painting styles were combined with Mesoamerican and other Indigenous art styles. Indigenous art includes metalwork, weaving, pottery, and mosaics. Indigenous artists also created frescos. It is known as one of the only ways that Indigenous peoples were allowed to practice art after colonization. However, they were often forced to paint these frescos. This style of art was used to decorate churches all over Latin America. Indigenous peoples found ways to hide their culture within the details of their art, sometimes found on the bottom of sculptures or in the borders and corners of their frescos.

Las artes visuales de América Latina también han sido muy **influyentes**. La colonización creó una mezcla de arte indígena con la de estilo europeos. Las formas de arte indígiena incluían formas geométricas. Estos motivos se combinaron con los estilos de pintura de Europa. El arte indígena incluye trabajo en metal, tejido, cerámica y mosaicos. Los artistas indígenas también crearon frescos. El arte fresco era la única forma en que a los indígenas se les permitía practicar actividades artísticas. A menudo se vieron obligados a pintar estos frescos. Este estilo de arte se utilizó para decorar iglesias en toda América Latina. Los indígenas encontraron formas de ocultar su cultura dentro de los detalles de su arte, que a veces se encuentran en la parte inferior de esculturas o en los bordes y esquinas de sus frescos.

◀ Fresco paintings on the entrance of San Pedro Apostol de Andahuaylillas Church in Peru.

◀ Frescos en la entrada de la iglesia de San Pedro Apóstol de Andahuaylillas en Perú.

People of Latin American descent are a **minority** in the United States. They have faced injustice over the years. Hispanic leaders have stepped forward to bring about change. For example, Hispanic civil rights activists, Dolores Huerta and Cesar Chavez, worked together as labor leaders and environmentalists. Together they formed one of the most powerful civil rights movements in the country: the United Farm Workers of America union. It was formed in 1962.

Throughout United States history and today, Hispanic heritage gives us a reason to be proud.

Las personas de ascendencia de América Latina son una **minoría** en Estados Unidos. Se han enfrentado a muchas injusticias a través de los años. Sin embargo, varios líderes latinx han luchado para traer cambios. Por ejemplo los activistas de derechos civiles, Dolores Huerta y César Chávez, trabajaron juntos como líderes del movimiento por los derechos de los trabajadores y como ambientalistas. Juntos conformaron uno de los movimientos de derechos civiles más importantes del país: el síndicato de Unión de Campesinos. Éste se formo en 1962.

A lo largo de la historia de Estados Unidos, la herencia hispana nos ha dado una muy fuerte razón para estar orgullosos.

◀ A Mexican-American farm laborer picks melons in California in 1937.

◀ Un campesino mexicoamericano cosecha melones en California en 1937.

JUST a few NOTEWORTHY HiSPANiC AMERiCANS

ROBERTO CLEMENTE created a powerful movement by being the first Hispanic player to win a baseball World Series. Celemente played from 1955-1972, when he died. Even though he was very talented, he still faced discrimination. He chose to become an advocate for the rights of Hispanic and Black baseball players. He died bringing aid to hurricane victims in Nicaragua. His plane crashed on the way.

ROBERTO CLEMENTE creó un poderoso movimiento al ser el primer hispano en ganar una Serie Mundial de beisbol. A pesar de que era muy talentoso, aún enfrentaba discriminación, por lo que decidió convertirse en un defensor de los derechos de los jugadores de beisbol hispaos y afroamericanos. Murió cuando viajaba a ayudar a las víctimas de un huracán en Nicaragua. Su avión se estrelló en el camino.

SYLVIA RIVERA is one of the founding members of the Gay Liberation Front in the 1970s that fought for the civil rights of LGBTQ+ community. She became an influential advocate of transgender rights.

SYLVIA RIVERA fue uno de los miembros fundadores del Frente de Liberación Gay que luchó por los derechos civiles de la comunidad LGBTQ+. Se convirtió en una influyente defensora de los derechos de las personas transgénero.

DR. ELLEN OCHOA was a leader in the science community. She became the first Hispanic woman astronaut to go into space in 1993. Then, she was the first Hispanic, and second woman ever, to be promoted to director of NASA's Johnson Space Center in 2007. Today, she still leads as chair of the National Science Board.

ELLEN OCHOA fue una líder en la comunidad científica. Se convirtió en la primera astronauta hispana en ir al espacio en 1993. También fue la primera hispana en ser directora del centro espacial NASA Johnson Space Center en 2007. Actualmente, e la presidenta de la Junta de Ciencia Nacional.

In 2009, **SONIA SOTOMAYOR** became the first Hispanic Supreme Court justice. Sotomayor, who was born and raised in the Bronx, recalls that reading helped her deal with a lot of the struggles that her family suffered in New York. These struggles later became her drive to dedicate her life to justice.

En 2009, **SONIA SOTOMAYOR** se convirtió en la primera jueza hispana de la Suprema Corte. Sotomayor, quien nació en el Bronx, recuerda que la lectura la ayudó con muchas de las luchas que su familia sufrió en Nueva York. Estas luchas luego se convirtieron en la pasión que la impulsó para dedicarse a impartir justicia.

More recently, **ALEXANDRIA OCASIO-CORTEZ** has become another notable figure. She is the youngest Hispanic woman to be elected to congress. She ran a new kind of campaign. She did not accept corporate donations. She works for environmental and social justice.

Más recientemente, **ALEXANDRIA OCASIO-CORTEZ**, es reconocida como otra mujer hispana notable. Es la mujer latina más joven en ser electa en el Congreso. Durante su innovadora campaña política, no aceptó donaciones de corporaciones. Su trabajo se enfoca en la justica social y ambientalista.

DR. MIGUEL CARDONA was appointed Secretary of Education by President Biden in 2021. Cardona moved to Connecticut from Puerto Rico when he was a child. When he started school, he did not speak English. As an adult, Cardona taught elementary school. He became a principal and a superintendent. He earned his doctorate in 2011. He works to make education fair for everyone.

El **DR. MIGUEL CARDONA** fue nombrado Secretario de Educación por el Presidente Biden en 2021. Cardona se mudó a Connecticut de Puerto Rico cuando era un niño. Cuando comenzó la escuela no hablaba inglés. Como adulto, Cardona fue maestro de primaria. Eventualmente se convirtió en director y superintendente. Obtuvo su doctorado en 2011. Se enfoca en hacer que la educación sea accesible para todos.

WE GROW TOGETHER

Plan a Latinx cultural celebration. You can plan it with your family, your class, or other group you are a part of. Use the opportunity to bring people together and share what you learned.

Make a Party Playlist

- Include Latinx hits from when your grandparents or parents were younger.
- Include Latinx hits from today.
- Include at least one mariachi song.
- Include a song with Latinx drumming.

Make a Game

- Find images of Latinx art, artists, musicians, or history makers.
- Write their names on separate index cards.
- Display the images around your celebration.
- Challenge people to match the name on the index card to the right image.
- Offer a small prize or a big round of applause to winners.

If an adult helps, you may provide, or invite party goers to bring, a Latinx dish or snack to share. Include dishes from all over Latin America. For example, Cuban sandwiches or Brazilian galinhada, a Brazilian chicken stew.

CRECEMOS JUNTOS

Planea una celebración cultural latinx. Puedes planearla con tu familia, tus compañeros de clase o algún otro grupo al que pertenezcas. Usa esta oportunidad para reunir a algunas personas y enseñarles lo que has aprendido.

Haz una playlist

- Incluye éxitos latinos de cuando tus abuelos o padres eran jóvenes.
- Incluye éxitos latinos actuales.
- Incluye por lo menos una canción de mariachi.
- Incluye por lo menos una canción con percusiones.

Organiza una actividad o juego

- Encuentra imágenes de artistas, músicos o personajes famosos latinx.
- Escribe sus nombres en tarjetas aparte.
- Exhibe las imágenes de estos personajes en algún lugar visible de tu fiesta.
- Pide a las personas que pongan la tarjeta con el nombre de la persona a la imagen que le corresponda.
- Ofrece un pequeño premio o una ronda de aplausos a los ganadores.

Si te ayuda un adulto, puedes ofrecer o pedir a los invitados que traigan una botana o platillo de algún país de Latino América. Por ejemplo, un sandwich cubano o una galinhada brasileña.

EXTEND YOUR LEARNING

Books

Mora, Pat. *Book Fiesta*. New York, NY: Scholastic, 2009.

Websites

With an adult, learn more online with these suggested searches.

"National Hispanic Heritage Month." Library of Congress.

"Hispanic Americans." Britannica Kids.

"Latin American Facts for Kids." Kiddle.

GLOSSARY

characteristics (KAIR-ik-tuh-rih-stiks) features

mainstream (MAYN-streem) widely known trends

paying tribute (PAY-ing TRIH-byoot) giving respect and honor

stereotypes (STAIR-ee-uh-tyeps) widely held attitudes that are usually inaccurate, oversimplified, and prejudiced

percussion (per-KUH-shuhn) beating or tapping to a rhythm, such as with drums or maracas

influential (in-floo-EN-shuhl) important; causing meaningful change or effects

minority (mye-NOR-uh-tee) having smaller numbers; having less votes, voters, or political power

legacy (LEH-guh-see) things that are passed from one generation to the next

colonized (KAH-luh-nyezd) to take control of to increase a nation's power, usually by force

missionaries (MIH-shuh-nair-eez) people traveling to other places to spread religious beliefs

INDEX

EXPANDE TU APRENDIZAJE

Libros

Mora, Pat. *Book Fiesta*. New York, NY: Scholastic, 2009.

Sitios web

Junto con un adulto, aprende más en línea con estas búsquedas sugeridas.

"National Hispanic Heritage Month." Library of Congress.

"Hispanic Americans." Britannica Kids.

"Latin American Facts for Kids." Kiddle.

GLOSARIO

defensores de derechos: alguien que defiende o promueve una causa o idea

verificaciones de antecedentes: un proceso para verificar que alguien es quien dice ser; una verificación para ver si alguien cometió un delito

ciudadanos: miembros de una comunidad; personas de un país con derechos legales y protecciones plenos

comité: un subgrupo de un grupo más grande que se encarga de pensar, discutir y tomar medidas sobre un tema o cuestión

deportado: retirado del país involuntariamente

electo: votado para un cargo político

inclusivo: que incluye a todo o todos

demanda: un caso o queja presentada ante un tribunal

partidos políticos: grupos oficiales que votan sobre temas similares y tienen una misión y agenda compartidas; en los Estados Unidos, el Partido Republicano y el Partido Demócrata son los dos partidos principales

privilegios: derechos o ventajas que tiene una persona

INDICE